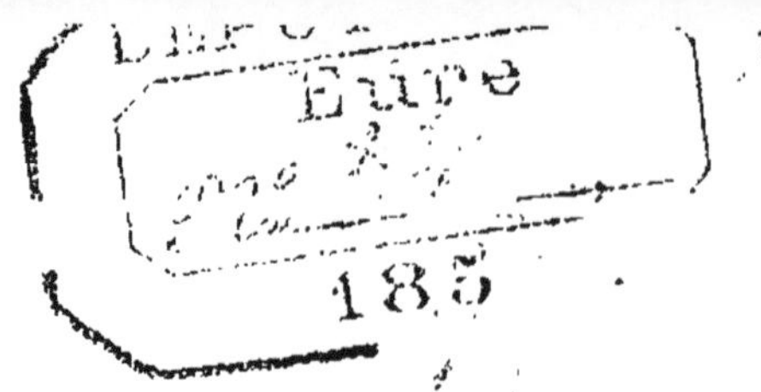

VIVE LE ROI!

PAR

MGR DE SÉGUR

NOUVELLE ÉDITION

PARIS
LIBRAIRIE DE PROPAGANDE
HATON, ÉDITEUR
33, RUE BONAPARTE, 33

J'ai cru devoir déposer ce petit opuscule aux pieds de N. T.-Saint Père d'abord, puis aux pieds de celui qui devant Dieu et devant ma conscience est déjà notre roi.

Le pape et le roi ont daigné répondre à mon humble hommage, et comme le Bref apostolique aussi bien que la Lettre royale, contiennent des choses qui semblent ne pas s'adresser à moi seul, je crois rendre service à la bonne cause en les livrant à la publicité.

BREF DE N. TRÈS-SAINT PÈRE LE PAPE PIE IX

A MONSEIGNEUR DE SÉGUR.

« PIE IX PAPE.

« Bien-aimé fils, salut et bénédiction apostolique.

« Nous avons reçu avec plaisir votre nouvel opuscule, et nous lui souhaitons de tout notre cœur de dissiper chez les autres les erreurs que vous-même, éclairé par les malheurs de votre patrie, vous avez eu le bonheur de rejeter.

« En effet, ce ne sont pas seulement les sectes impies qui conspirent contre l'Église et contre la société, ce sont encore tous ces hommes qui, lors même qu'on leur supposerait la plus entière bonne foi et les intentions les plus droites, caressent les doctrines *libérales* que le Saint-Siége a souvent désapprouvées : « *Doctrinis LIBERALIBUS blandiuntur sæpe ab hac Sancta Sede improbatis* ». Ces doctrines, qui favorisent les principes d'où naissent toutes les révolutions, sont d'autant plus pernicieuses peut-être que, de prime abord, elles paraissent plus généreuses. Les principes évidemment impies ne peuvent atteindre, en effet, que les esprits déjà corrompus ; mais des principes qui s'enveloppent du voile du patriotisme et du zèle de la religion, des principes qui mettent en avant les aspirations des honnêtes gens, séduisent aisément les gens de bien et les détournent à leur insu, des vraies doctrines pour les incliner vers des erreurs qui, prenant bientôt de plus larges développements et traduisant en actes leurs dernières conséquences, bouleversent tout l'ordre social et perdent les peuples.

« A coup sûr, bien-aimé fils, si, par votre opuscule, vous avez le bonheur d'amener à résipiscence bon nombre de ceux qui, jusqu'à ce jour, ont été dans l'erreur, votre récompense sera bien belle.

« C'est de tout cœur que Nous vous souhaitons cette grâce, et, en attendant, comme gage de la bénédiction de Dieu, comme témoignage de notre paternelle bienveillance, nous vous accordons avec amour la bénédiction apostolique.

« Donné à Rome, près Saint-Pierre, le 31 juillet 1871, en la vingt-sixième année de notre pontificat.

« PIE IX PAPE. »

LETTRE DE M. LE COMTE DE CHAMBORD

A MONSEIGNEUR DE SÉGUR.

« C'est en revenant de Chambord que j'ai trouvé à Bruges, Monseigneur, votre admirable lettre et l'hommage qui l'accompagne. J'ai reçu l'un et l'autre avec un véritable bonheur.

« Ce petit livre, auquel votre modestie donne le nom d'opuscule, est le traité le plus complet et le plus lumineux qu'on puisse lire sur ce grand sujet de la souveraineté royale. On a écrit bien des volumes pour établir très-imparfaitement ce que vous démontrez en quelques pages avec une merveilleuse clarté.

« Je ne m'arrête point aux jugements trop bienveillants portés sur ma personne. Mais ce qui me frappe et ce qui saisit toutes les âmes de bonne foi, c'est l'enchaînement et la puissance de votre argumentation, la sûreté de votre doctrine, l'évidence de vos démonstrations.

« Je voudrais, dans l'intérêt de la vérité et de notre chère et malheureuse France, que ce livre fût dans toutes les mains, et j'engage mes amis à le faire pénétrer partout, dans l'atelier, dans les salons, dans la chaumière. On ne se livrera jamais à une propagande plus utile et plus féconde.

« Je ne saurais assez vous dire la reconnaissance dont je me suis senti pénétré en recevant la chaleureuse expression de votre dévouement et de vos vœux. Il vous était réservé de prolonger ainsi les douces émotions que je rapportais de France, et rien ne pouvait me toucher plus profondément.

« Je me recommande tout spécialement à vos saintes prières. Dieu exauce de préférence celles que lui adressent les humbles de cœur et les âmes ferventes. C'est à ce titre que je compte sur les vôtres. Je vous renouvelle l'expression de tous mes sentiments de reconnaissance et de constante affection.

« HENRI. »

« Le 12 juillet 1871. »

VIVE LE ROI!

Trois mots sur la *politique.*

La *politique* est la direction du mouvement social, dans l'ordre temporel; c'est la direction des idées, des aspirations, des forces vives d'une nation.

La politique d'un gouvernement est bonne et sage, lorsque ce gouvernement dirige, selon la vérité et la justice, les idées, les aspirations, les forces vives de la nation. Au contraire, sa politique est fausse et mauvaise, lorsque la direction imprimée au pays n'est pas selon la vérité et la justice, ou, plus simplement encore selon la volonté de DIEU, qui est le souverain Maître du monde et qui veut que tout dans le monde tourne au vrai bien et au salut de ses enfants.

Touchant à chaque instant aux intérêts de la Religion, la politique, *à ce point de vue*, intéresse directement l'Église; et le Pape, les Évêques, les prêtres, lorsqu'ils s'occupent des questions politiques à ce grand point de vue religieux, exercent un droit sacré et remplissent le premier de leurs devoirs.

En effet, quoi de plus dangereux pour le salut des âmes qu'une direction antichrétienne donnée par un pouvoir quelconque aux idées d'une nation, à ses institutions publiques, à son éducation, à ses lois, à ses mœurs? Par une politique, par une direction publique contraire à la loi divine dont l'Église, et l'Église seule, est la gardienne ici-bas, le mal s'opère en grand et dans des proportions effrayantes. Au contraire, rien de plus favorable au salut des âmes, qu'une direction chrétienne et vraie, donnée par le pouvoir à toute une société.

C'est uniquement à ce point de vue que l'Église s'occupe des questions sociales et politiques. C'est aussi à ce point de vue que j'écris ces quelques pages, dictées, ce me semble, par la foi et le bon sens, où la passion demeure étrangère, et où je m'adresse à la bonne foi du lecteur.

Élevé, comme tant d'autres, dans un siècle de révolutions et dans un milieu libéral, je n'ai pas toujours eu le bonheur de connaître aussi clairement qu'aujourd'hui les importantes vérités que j'expose ici, et dont le simple énoncé me paraît être la démonstration la plus convaincante. A la lueur des événements si graves qui, depuis quelques années, ébranlent la société, beaucoup d'esprits sincères ont vu distinctement ce que jusqu'alors ils n'avaient fait qu'entrevoir, ou même ce qu'ils avaient ignoré. Je suis de ce nombre; et c'est pour faire profiter les autres de ce que j'ai reçu, que je prends la plume pour exposer simplement, telles que je les comprends, ces vérités de salut public et de réorganisation de notre chère France.

Quoique les questions que je touche ici soient grosses comme le monde et sujettes à des développements, à des discussions sans nombre, le peu que j'en dis me semble suffisant pour satisfaire les esprits honnêtes, chez qui la foi et la bonne foi ont conservé le sens du vrai.

Je leur offre ce petit travail, en priant DIEU de les bénir et de les convaincre.

I.

Pourquoi, après cinq ou six essais, plus misérables les uns que les autres, la France tourne enfin ses regards vers le principe monarchique, représenté par Henri V.

Parce qu'elle ne voit plus de salut que là.

Parce que l'expérience lui fait comprendre enfin qu'on ne peut point bâtir sur le sable mouvant de principes qu'on a forgés soi-même, et qu'en politique comme en religion, il y a des vérités auxquelles il faut revenir bon gré mal gré, si l'on ne veut être sans fin le jouet ou plutôt la victime des révolutions.

Profondément bonne, mais profondément égarée, la pauvre France revient à la monarchie légitime, comme le pauvre enfant prodigue, lui aussi égaré par de folles passions, est revenu à la maison paternelle. L'excès de sa misère l'a fait rentrer en lui-même; il s'est aperçu que lui, le noble enfant, n'était couvert que de haillons, qu'il ne gardait que de vils animaux, et qu'il ne pouvait y tenir plus longtemps. Confus, repentant, il se dit : « Je me lèverai, et j'irai trouver mon père; j'avouerai ma faute, et il me pardonnera! » Et, généreux dans le bien comme il avait été ardent dans le mal, il se leva sans plus tarder, et prit le chemin de cette maison qu'il n'eût jamais dû quitter.

Telle est aujourd'hui notre pauvre chère France. Séduite par Voltaire et par Rousseau, par les idéologues du dernier siècle, elle a rejeté l'autorité de ses Souverains légitimes; elle a renié tout son glorieux et religieux passé, pour s'abandonner aux premiers-venus, et même à des scélérats, à des infâmes tels que Robespierre et Marat. Elle s'est jetée dans toutes sortes d'aventures, républicaines, dictatoriales, constitutionnelles, parlementaires, bourgeoises, démocratiques, césariennes, socialistes : partout, à chaque nouveau gouvernement, elle a cru trouver la paix; elle n'a trouvé que la ruine.

Punie par où elle avait péché, la France, après avoir abandonné sa monarchie traditionnelle, en est arrivée à ces abîmes sans nom, où l'on voit tombées les malheureuses qui se laissent séduire par un étranger et qui, de fautes en fautes, en arrivent à la ruine totale et au déshonneur.

Du fond de l'abîme où nous ont entraînés les erreurs révolutionnaires, despotiques et anarchiques, nous ouvrons enfin les yeux, nous reconnaissons humblement que nous nous sommes trompés, et nous voulons réparer nos fautes.

Voilà pourquoi nous revenons au principe monarchique et à celui qui seul le représente, à savoir Henri V, chef de la maison royale de France.

« Je ne doute pas, écrivait ce Prince en 1861, je ne doute pas que tous les bons esprits et tous les nobles cœurs, éclairés par les événements et l'expérience, ne reconnaissent bientôt que la violation du grand principe de l'hérédité royale a été pour la France et l'Europe un immense malheur, et que le retour à cette loi fondamentale est l'unique port de salut où elles peuvent enfin trouver le repos.

« En effet, comment ne pas voir aujourd'hui, après tant de mécomptes et d'essais infructueux, que la monarchie traditionnelle, appuyée sur le droit héréditaire et consacrée par le temps, peut seule rendre au pays, avec un gouvernement régulier et stable, cette sécurité de tous les droits, cette garantie de tous les intérêts, cet accord nécessaire d'une autorité forte et d'une sage liberté, qui sont les plus solides bases de l'ordre public et les plus sûrs gages du bonheur des peuples (1).

« Oui, bientôt, j'en ai la ferme confiance, tous les bons esprits et tous les nobles cœurs reconnaîtront que, pour notre chère patrie, l'unique port de salut est dans la monarchie héréditaire et traditionnelle,

(1) *Correspondance de M. le comte de Chambord,* Genève, 1871, p. 206.

la seule véritable, la seule qui, en renouant l'antique alliance de la royauté et de la liberté, peut ouvrir encore à la France une nouvelle ère de prospérité, de bonheur et de gloire (1).

« Aujourd'hui, comme il y a dix-sept ans, écrivait-il encore en 1869, je suis convaincu et j'affirme que la monarchie héréditaire est l'unique port de salut, où, après tant d'orages, la France pourra retrouver enfin le repos et le bonheur.

« Poursuivre, en dehors de cette monarchie, la réalisation des réformes légitimes que demandent avec raison tant d'esprits éclairés, chercher la stabilité dans les combinaisons de l'arbitraire et du hasard, bannir le droit chrétien de la société, baser sur des expédients l'alliance féconde de l'autorité et de la liberté, c'est courir au-devant de déceptions certaines (2). »

II.

Comment et en quel sens Henri V est, de droit, le légitime Souverain de la France.

Depuis cent cinquante ans, on a fait tout ce qu'on a pu pour enlever à la France et la foi religieuse et la foi politique. On a mis tout en œuvre pour lui faire perdre ce qu'on pourrait appeler « *le sens de l'autorité* », c'est-à-dire les vraies notions et l'amour de l'obéissance. Les incrédules et les francs-

(1) *Correspondance*, p. 197.
(2) *Correspondance*, p. 268.

maçons du dernier siècle sont parvenus à lui faire oublier ce qu'elle devait et à son DIEU et à son Roi. Ses vieilles et nobles traditions de fidélité à l'Église et de fidélité à la monarchie ont été tournées en dérision, et on lui a persuadé qu'elle pouvait à son gré être fidèle ou infidèle, être chrétienne ou athée, monarchique ou révolutionnaire. Elle en a essayé; elle a goûté de l'indépendance; et elle s'est si bien habituée à n'avoir pour loi que ses caprices, à ne plus rien respecter, à faire et à défaire ses Souverains, qu'elle ne peut pour ainsi dire plus concevoir un Roi qui se présente à elle avec des droits qu'il ne tient pas d'elle, qu'elle n'a point par conséquent le droit de discuter, encore moins de nier et de renverser.

Tel est, devant la France, Henri V, chef de la maison royale de Bourbon, héritier légitime, et seul légitime, de la couronne de saint Louis, d'Henri IV et de Louis XIV.

Il ne s'impose pas à la France; il se propose. Mais il se propose comme le seul Souverain légitime, tenant ses droits de sa naissance même et d'une antique constitution nationale, que nulle violence n'avait le droit de renverser.

Il ne s'impose pas, parce que, pour être stable, toute autorité morale doit être librement reconnue et acceptée; mais, une fois donnée cette reconnaissance solennelle de son droit, Henri V se présente à la France au nom de Celui de qui procède tout droit et toute souveraineté légitime.

Que la France eût été heureuse, si, au lieu de se laisser séduire par de chimériques promesses et par de grands mots, elle était restée fidèle à son Roi!

Henri V est Roi de France, non en vertu de la capricieuse volonté du peuple, mais en vertu de l'ordre établi de DIEU; il est Roi de France de *droit divin*.

III.

Ce que c'est que le *droit divin* dont on se moque avec tant de légèreté.

Il n'y a que l'ignorance qui s'en moque. « Le droit divin », quand on sait ce que c'est, est la chose du monde la plus simple et la plus vénérable.

Ainsi que le mot l'indique, le « droit *divin* » c'est le droit de DIEU. Que DIEU, souverain Maître de toutes choses, ait *le droit* de diriger les sociétés et les peuples, cela est plus clair que le jour. DIEU n'est-il pas le Roi suprême de tous les rois et de tous les peuples, le Seigneur souverain et absolu de toutes les sociétés? Son droit est au-dessus de tous les droits; et tous les droits légitimes viennent de lui, comme toutes les gouttes d'eau d'un ruisseau viennent de la source. Tout droit véritable est donc un droit *divin*, une communication du droit de DIEU.

En matière de souveraineté, cette communication, pour être réelle, n'a nullement besoin d'être surnaturelle ni miraculeuse : il n'est pas nécessaire que le bon DIEU apparaisse en personne ou envoie un Ange pour dire à un peuple : « Voici le souverain que je te donne; voici la race royale qui te gouvernera. » Non, ce n'est pas ainsi que DIEU mène les sociétés et choisit les dépositaires de ses droits. Pour communiquer ses droits souverains sur tel ou tel peuple, le bon DIEU se sert de faits humains, parfaitement suffisants pour établir le droit divin : la naissance, par exemple, et le droit de succession; ou bien encore une élection régulière. Le droit à la couronne est, en effet, un véritable droit de propriété, qui s'acquiert comme toutes les propriétés : par naissance, par héritage, par conquête, par donation, enfin par prescription. La prescription a toujours la vertu de légitimer le titre primordial lorsqu'il est vicieux, de le confirmer lorsqu'il est légitime.

Oui, la couronne — je ne dis pas le royaume, mais la couronne, c'est-à-dire le droit de commander et de régner — est une propriété ; une propriété que nul n'a le droit de ravir à celui qui la possède en vertu d'un titre légitime, c'est-à-dire conforme à la loi de DIEU et aux traditions du pays. Violer cette propriété royale, c'est voler; et le vol est interdit par les lois divines et humaines.

En fait de souveraineté comme en fait de propriété, le *droit* humain est sanctionné par le *droit* divin, s'appuie sur lui, devient une seule et même chose avec lui : de telle sorte qu'il est à la fois humain et divin.

Remarquons-le d'ailleurs : le droit divin du Roi légitime n'est pas, comme on se l'imagine, un fait isolé dans la société. La société repose sur une foule de faits humains donnant lieu au droit divin. C'est de droit divin que je possède ma maison, mon champ, et tous les fruits de mon travail; c'est de droit divin que je possède ce dont je suis devenu le propriétaire légitime, à la suite et par l'effet de faits humains, de conventions purement humaines.

Il n'en est pas autrement du droit du Souverain légitime à sa couronne. Bien que ce droit résulte de faits humains, comms nous le disions tout à l'heure, il n'en est pas moins divin; et dès lors on peut et on doit dire que c'est de droit divin qu'il possède sa couronne.

Or, il n'y a pas de droit contre le droit. Contre le droit à la fois humain et divin de la souveraineté légitime, il n'y a pas plus de *droit* qu'il n'y en a contre le droit à la fois humain et divin, en vertu duquel tout propriétaire légitime possède ce qu'il possède. — De grâce, méditons bien ces choses. Elles sont, je le sais, un peu abstraites; elles choquent les idées courantes, vulgarisées par la Révolution; mais elles sont vraies; et aujourd'hui plus que jamais, il est indispensable de le bien comprendre.

En résumé, pour un Souverain quelconque, régner de « droit divin », c'est tout simplement régner légitimement, en vertu de droits légitimes; c'est être le représentant légitime de Dieu pour le gouvernement d'une société, d'un peuple. De là cette formule célèbre, qui fait tant crier les impies et les ignorants : *régner par la grâce de* Dieu.

Donc, quand nous disons qu'Henri V est de « droit divin » le Roi de France, nous voulons dire que, d'après la loi de DIEU, et d'après les plus vénérables traditions de la France, le droit de ce Prince à la couronne repose sur des titres légitimes, inattaquables, et sur une prescription huit fois séculaire, qu'il est le dépositaire de l'autorité souveraine de DIEU, lequel est le Maître suprême du peuple français comme de tous les peuples ; qu'il est ainsi le Roi légitime à qui la France doit obéir, si elle veut faire la volonté de DIEU, si elle ne veut point se révolter contre le droit de DIEU.

Voilà ce que c'est que le « droit divin ».

Est-ce là, dites-moi, chose si étrange ? Est-ce là surtout quelque chose d'absurde, de ridicule, d'intolérable, comme l'affirment depuis cent ans nos petits bavards démocrates de la libre pensée et du journalisme ?

Du moment que l'on croit en DIEU et qu'on respecte le droit, le « droit divin » n'est-il pas au contraire une doctrine parfaitement raisonnable, la conséquence évidente des principes les plus certains ?

IV.

Comment on peut reconnaître avec certitude sur qui repose le droit divin.

D'abord, au moyen des événements et des circonstances, qui manifestent les vues de la Providence sur tel ou tel Prince; puis, par l'examen approfondi des principes qui sont ou qui seront la base du gouvernement de ce Prince; puis enfin, par les fruits de salut et de véritable bonheur qui résultent ou qui résulteront des principes de son gouvernement.

Lorsque ces *trois* conditions se trouvent réunies sur la tête d'un Souverain, on peut affirmer, sans crainte de se tromper, que ce Souverain est le dépositaire des droits de DIEU pour le bien du pays qu'il gouverne ou qu'il gouvernera. Et si, par-dessus le marché, la sainte Église prend en main ses droits, le protégeant de ses sympathies et de sa divine autorité, la certitude, du moins pour les chrétiens, devient telle que le doute ne semble plus permis.

Je dis d'abord que la légitimité d'un Prince et la volonté de DIEU qui l'a établi ou qui veut l'établir à la tête d'une nation se manifestent par les événements. La Providence mène, en effet, d'une manière souveraine les choses du monde, et fait souvent servir à ses desseins les événements les plus imprévus, quelquefois même les crimes et les injustices des hommes. Elle punit les péchés d'un peuple, en lui retirant tel ou tel bon Prince dont il n'est plus digne; elle punit les péchés de telle et telle famille royale, en laissant déchoir du trône ses descendants et ses héritiers. Dans sa colère ou dans sa miséricorde, elle chasse ou elle ramène les dynasties, elle suscite une dynastie nouvelle; et alors c'est surtout par les événements qu'elle exprime ses volontés.

Rien de plus certain que ce principe, dont la fameuse théorie moderne des « faits accomplis » n'est que la caricature. Ordinairement, ce n'est qu'avec le temps et de loin qué l'on peut juger avec certitude le véritable caractère de ces événements, touchant la légitimité du pouvoir qui en est issu. Jusque-là, on n'a que des présomptions. — Comme on le voit, ces événements providentiels ne *donnent* pas le droit; ils ne font que le manifester.

Je dis en second lieu que la légitimité, le droit divin d'un Souverain se reconnaît à la nature des principes sur lesquels repose son pouvoir. Rien de ce qui est contraire à la loi divine, à la foi et à la morale catholiques, à l'enseignement du Saint-Siége, au respect des droits souverains de JÉSUS-CHRIST sur le monde; rien de ce qui est contraire à la justice, à l'honnêteté, au droit des gens; rien de ce qui est révolutionnaire ne saurait venir de DIEU. Voilà une pierre de touche très-simple, très-pratique, pour éprouver la légitimité des droits d'un prétendant à la couronne. Dans les principes sur lesquels s'appuie la revendication de ses droits, il faut que tout soit conforme, ou du moins ne soit point contraire à ce que la loi et la raison nous montrent comme la volonté de DIEU. — Notons-le bien, je parle ici des principes et non des actes : les principes doivent-être absolument vrais, absolument conformes à la volonté de DIEU; les actes, au contraire, sont toujours plus ou moins imparfaits, à cause de la faiblesse humaine. Si, pour être légitime, un gouvernement devait être parfait, il faudrait renoncer à en trouver un ; et la société civile, livrée à l'anarchie ou au despotisme, s'effondrerait bientôt dans le gouffre des révolutions.

Enfin la légitimité et l'origine sacrée du droit d'un Prince au gouvernement d'une nation peut et même doit se reconnaître aux fruits de salut qui résultent ou devront nécessairement résulter de son avénement au pouvoir. « Aux fruits jugez de l'arbre », nous dit Notre-Seigneur dans l'Évangile. Lorsqu'il est *évident* que le vrai bien d'une nation, son salut, sa paix, son bonheur résultent ou résulteront du gouvernement d'un Prince, on peut affirmer également, sans crainte d'erreur, que ce Prince est élu de DIEU pour gouverner cette nation, et que par conséquent il en est le Souverain légitime. DIEU veut, en effet, le bien, le bonheur des sociétés comme des individus ; il ne confie l'autorité que pour procurer ce bien et ce bonheur ; et dès lors que l'expérience montre qu'un Souverain procure, par la sagesse et la force de son gouvernement, le bien véritable d'un pays, tout doit faire conclure à la légitimité, au droit divin de ce Souverain. — Je ne saurais trop le répéter : pas plus que les deux premières, cette troisième condition ne suffirait, à elle seule, pour manifester le droit divin ; d'autant plus qu'en pareille matière, on peut facilement s'abuser, prendre l'apparence pour la réalité et regarder comme solide et durable un bien-être purement passager.

J'ai ajouté, et il n'est pas besoin de le prouver longuement, que si l'autorité des sympathies de l'Église vient se joindre à ces trois signes très-probables, moralement certains, de la volonté de DIEU sur un Prince et sur un peuple, le doute n'est plus guère permis à la conscience d'un catholique.

Appliquons ces principes aux pouvoirs qui se disputent en ce moment le droit de gouverner la France. N'est-il pas évident qu'Henri V remplit seul les conditions du programme?

V.

Comment et pourquoi, depuis le commencement de notre siècle, il a été souvent très-difficile de déterminer de quel côté se trouvait le droit divin.

En pratique, la légitimité n'est pas toujours facile à déterminer; du moins, pas aussi facile que, par la grâce de DIEU, elle l'est aujourd'hui. Et c'est là ce qui explique les hésitations, pour ne pas dire les divisions de beaucoup de gens de bien, dans les temps de révolutions et d'ébranlements politiques.

Il y a des temps où le droit divin, la légitimité du véritable Souverain, est un fait évident. Ainsi, en France, avant 1789, la loi fondamentale du royaume était tellement claire relativement aux droits de succession au trône; les principes sur lesquels s'appuyait la monarchie étaient tellement conformes à la foi catholique et au droit des gens; la prospérité et la force qui en découlaient pour la France étaient si évidentes, que, pendant de longs siècles, pas une difficulté, pas un doute sérieux n'ont pu s'élever à cet égard.

En outre, la France étant essentiellement catholique, l'autorité suprême de l'Église et du Saint-Siége était toujours là pour décider au besoin et d'une manière souveraine les grands cas de conscience sociaux et politiques qui auraient pu diviser la nation. C'est ce qui eut lieu deux fois en douze ou treize siècles, à l'avénement de la dynastie Carlovingienne et à celui de la dynastie Capétienne. Un instant le calvinisme d'Henri IV suscita un doute; mais il fut bientôt résolu, et l'abjuration du Roi y mit fin de la manière la plus heureuse pour le pays.

En dehors de ces cas exceptionnels, nécessairement très-rares, la loi constitutionnelle de la France, telle que l'avaient réglée et la Providence et l'Église et les instincts de la nation, suivait son cours comme un beau fleuve, paisible, profond, majestueux. Mais, depuis un siècle, tous les principes religieux, politiques et sociaux, ont été, sinon renversés, du moins profondément ébranlés dans notre pauvre France; à l'ancienne lumière ont succédé de tels brouillards, qu'on n'y voyait pour ainsi dire plus à dix pas devant soi, et que la foi politique, si ferme jadis et si simple, ne se trouvait plus que dans un petit nombre [illegible]prits très-fermes et de cœurs très-élevés.

Ce qu'il av[illegible] facile de déterminer dans des temps meille[illegible] devenu sinon très-difficile, du moins beaucoup plus difficile dans ces temps-ci. C'est ainsi qu'en 1801 Pie VII, voyant les affreuses ruines religieuses de la France et se rappelant peut-être les fautes (nous ne cherchons point à le nier) que les Bourbons avaient commises ou laissé commettre contre la sainte Église, put croire un instant que Napoléon était suscité de DIEU pour commencer une dynastie nouvelle; et il crut pouvoir le sacrer. Les faits montrèrent bientôt que, si DIEU avait daigné se servir de cet homme extraordinaire pour relever en France les ruines de son Église, il ne régnait point par lui ni en lui. Le doute qui avait pu s'élever un instant à cet égard, Napoléon se chargea de le dissiper lui-même : foulant aux pieds tous les droits, mettant son ambition au-dessus des lois divines et humaines, il porta une main sacrilége sur le Vicaire de JÉSUS-CHRIST, se découronna de ses propres mains et fut rejeté de DIEU et de la France, comme chacun sait.

En 1830, le droit divin était trop évidemment du côté de la branche aînée des Bourbons; la Révolution trouva plus commode de le supprimer dédaigneusement, et d'asseoir tant bien que mal la royauté de Louis-Philippe sur un prétendu droit exclusivement populaire.

En 1852, beaucoup de gens de bien, effrayés des menaces de l'anarchie et croyant trouver, dans un nouveau régime impérial, des éléments très-sérieux de salut et de bonheur pour la France, espérèrent en Napoléon, et oublièrent ce qui devait inspirer des craintes. La cause d'Henri V, si claire en théorie, leur semblait alors une vérité dont la pratique était devenue impossible ; et beaucoup se disaient que ce noble et vertueux Prince était sans doute, comme Louis XVI et Louis XVII, une victime expiatoire des fautes de ses aïeux. L'impossibilité de son retour paraissait « un fait accompli » ; et puis, la France régicide avait-elle suffisamment expié son crime de 93 ?

Mais la Providence, qui a ses moments marqués, semble nous dire aujourd'hui : « Vous vous êtes trompés ! Je vous ai réservé, dans ma miséricorde, un Souverain selon mon cœur ; un Souverain qui, régnant d'après mes lois et se glorifiant d'être avant tout mon serviteur, vous tirera de l'abîme des révolutions, et fera refleurir, sur la terre de France, la paix véritable et le véritable bonheur. »

C'est à force de souffrances que nous en sommes venus à entendre, à comprendre cette grande voix. DIEU parle au monde par les événements, disions-nous tout à l'heure. Ceux de ces dernières années sont tellement éloquents, les châtiments ont été si terribles, l'unique espoir du salut est si évidemment dans le retour à la monarchie légitime et héréditaire de la race de saint Louis, à une souveraineté qui repose sur des principes chrétiens et anti-révolutionnaires, qu'aujourd'hui le doute ne semble plus permis.

Oui, le fils de saint Louis, le chef de la maison de Bourbon, est notre Roi légitime, le Roi que DIEU nous prépare, que DIEU a daigné nous réserver. Acclamons-le sans crainte. Bien que, en matière politique, la certitude pratique du droit divin ne puisse pas être aussi absolue que lorsqu'il s'agit du Pape, chef de l'Église, ou du père, chef de la famille, néanmoins lorsqu'il y a certitude morale, on peut, on doit même se prononcer et ne pas hésiter.

C'est ce qui a lieu relativement au droit d'Henri V à la couronne de France; et c'est ce qui fait que nous n'hésitons pas à le reconnaître comme notre seul Roi légitime.

VI.

Pourquoi la France ne parvient pas à se constituer en République.

Eh! mon DIEU! pour une raison fort simple : une femme blonde a beau se teindre les cheveux en noir ou même en rouge, elle n'en demeure pas moins, en réalité, une femme blonde. Pour un temps, elle semble brune; pour un temps, elle semble rousse; mais, bon gré mal gré, les cheveux repoussent toujours blonds.

La France est monarchique dans sa constitution même; elle a le sang monarchique, comme elle a le sang catholique et militaire. C'est un fait dont l'évidence est attestée par l'histoire et, au besoin, par les efforts impuissants que cette pauvre France fait, depuis un siècle, pour changer son tempérament.

Et pourquoi notre belle et bonne France est-elle essentiellement catholique, essentiellement monarchique, essentiellement militaire? Ah! c'est que DIEU, qui l'a élue entre toute les autres nations de la terre pour être le bras droit de son Vicaire ici-bas, l'a façonnée à l'image et ressemblance de son Église. L'Église est catholique, monarchique et militante : la France, « qui a été faite par les Évêques comme une ruche est faite par les abeilles », selon l'expression d'un célèbre historien protestant, la France est née catholique; elle ne peut cesser de l'être, sans cesser d'être la France; elle est née monarchique, et a été baptisée comme telle par saint Rémy, en la personne de Clovis, son vrai premier Roi; on aura beau faire, elle est et elle sera toujours monarchique; enfin la France est née militaire et guerrière : Clovis était soldat; Charlemagne, Philippe-Auguste, saint Louis, Henri IV, Louis XIV, tous nos grands Souverains ont été des soldats.

Telle est la constitution intime de la France; tel est l'ordre providentiel qui régit les destinées de notre patrie, et auquel elle ne saurait déroger impunément. D'autres nations, autrement organisées, peuvent et même doivent peut-être vivre en république, parce que tel est leur tempérament social et politique; mais, pour nous, il n'en est pas ainsi : pour la France, cesser d'être une monarchie, c'est descendre du trône où DIEU et l'Église l'ont miséricordieusement placée; c'est déroger; c'est quitter un état meilleur pour un état moins parfait et moins noble. Saint Thomas établit, en effet, que la forme monarchique est, dans la société chrétienne, la forme gouvernementale la plus parfaite : c'est pour cela sans doute que le Seigneur l'a choisie et pour l'Église et pour la famille, c'est-à-dire pour les deux sociétés qu'il a instituées lui-même, non-seulement quant au fond, mais encore quant à la forme.

Quoi qu'il en soit de la perfection relative de la forme monarchique, le fait est, quant à la France, qu'elle ne peut vivre ni prospérer en dehors du terrain de la monarchie. DIEU sait, et le démon aussi, combien de tentatives infructueuses ont été faites depuis cent ans, pour transporter la pauvre France dans des terrains autres que celui où DIEU l'a plantée ?

Les faits sont là. Toutes les fois qu'elle a pu voter librement, l'immense majorité de la nation a repoussé la république et proclamé la monarchie. Or, comme en dehors du droit divin, il n'y a que la souveraineté nationale, c'est là une décision sans appel, une preuve sans réplique.

On est si monarchique en France que dès qu'on est tombé en république, on cherche immédiatement un dictateur : témoins, le général Bonaparte, à la fin du dernier siècle; le général Cavaignac, en 1848; et Thiers en 1871.

Non, la France n'est pas, ne sera pas républicaine; elle ne peut pas, elle ne veut pas l'être. Instruite par l'expérience, elle veut vivre; elle veut revivre aujourd'hui, et comme jadis, plus que jadis, donner au monde ses belles fleurs et ses excellents fruits.

Donc, revenons enfin à cette maison paternelle d'où nous sommes follement sortis, en dehors de laquelle nous n'avons trouvé que des déceptions; rentrons-y : nous y retrouverons la paix, le bonheur et le repos.

VII.

Ce que c'est que la Révolution, adversaire du droit divin et par conséquent de la cause d'Henri V.

Il ne faut pas confondre ce qu'on appelle en général « la Révolution » avec la révolution française de 1789. La Révolution proprement dite est plus qu'un fait : c'est une doctrine, un ensemble de principes et de théories sociales et politiques, que l'Assemblée nationale de 1789 n'a fait qu'appliquer à la France; et cette doctrine, qu'on a appelée justement *la Révolution*, c'est-à-dire la grande révolte, est un immense blasphème et une théorie abominable. C'est la négation impudente du droit de Dieu sur les sociétés, et du droit qu'il a donné à son Église d'enseigner et de diriger les rois et les peuples dans la voie du salut.

C'est une doctrine nouvelle, née des révoltes protestantes, de l'incrédulité voltairienne et des conspirations de la franc-maçonnerie. Elle déclare que l'Église de Dieu n'a aucun droit d'enseigner ni de diriger les sociétés, d'inspirer les lois, de s'interposer entre les Souverains et les peuples pour empêcher l'injustice et maintenir les droits de la vérité. D'après la doctrine révolutionnaire, les Souverains et leurs gouvernements relèvent, non plus de DIEU, mais du peuple; DIEU n'est plus le Maître suprême de la nation : c'est le peuple qui seul est son propre maître; de là les noms de « peuple souverain », et de « souveraineté du peuple ». De là encore la fameuse et absurde théorie du suffrage universel, où le peuple-roi, trompé, conduit par le bout du nez par le premier-venu, vote sans savoir ce qu'il veut, sans comprendre ce qu'il fait, sans connaître les *élus* pour qui on le fait voter.

Dans ce beau système, le Souverain n'est plus le délégué, le représentant de DIEU, chargé par lui de procurer le vrai bonheur du peuple : le Souverain, dans le système révolutionnaire, est le commis, le représentant du Peuple-Souverain, lequel peut, à son gré, le mettre à la porte, et se choisir un autre commis.

D'après l'Église, le Roi ne règne et ne gouverne qu'au nom de DIEU et comme exerçant les droits de DIEU; et l'Église est toujours là pour lui rappeler ses devoirs et l'empêcher d'abuser de sa puissance. D'après la doctrine révolutionnaire, le Roi ne règne et ne gouverne qu'au nom du peuple; la volonté nationale, c'est-à-dire, en bon français, les caprices de la multitude aveugle et du suffrage universel sont sa règle unique, sa lumière et sa morale; son seul frein, c'est la crainte de déplaire au peuple et de perdre sa place.

C'est cette doctrine sociale et politique de la Révolution qui a présidé, plus ou moins directement, à tous les gouvernements *de fait* que nous avons eus depuis la *grande*, c'est-à-dire la terrible révolution française ; tous ont plus ou moins régné et gouverné au nom des fameux principes de 89, qui ne sont autre chose que les principes sociaux et politiques de la Révolution. On les appelle ordinairement *immortels ;* c'est *mortels* qu'il faut dire.

En effet, tous les pauvres gouvernements qui se sont appuyés sur ces principes, en sont morts. Le droit de la force les avait amenés : le droit de la force les a fait partir. Toutes nos révolutions viennent des principes révolutionnaires ; et tant que la cause subsistera, les effets subsisteront aussi. Qu'on applique ces principes de bonne ou de mauvaise foi, il importe peu ; qu'on les applique avec plus ou moins d'habileté, il importe peu encore : du moment qu'on les applique, on est perdu tòt ou tard ; de même qu'on meurt tôt ou tard, quand on avale un poison mortel. Impossible de faire de l'ordre avec du désordre.

« Le mal, écrivait Henri V, vient des atteintes portées, depuis plus d'un demi-siècle, aux grands principes sur lesquels repose tout l'ordre social et politique ; et le remède, c'est le retour à ces principes sacrés. Tout ce qui pourrait encore être essayé hors de là n'aboutirait qu'à des révolutions nouvelles et au triomphe plus ou moins prochain, mais infaillible, des fatales doctrines dont le but est le bouleversement et l'entière destruction de la société (1). »

Il n'est pas nécessaire d'être bien fin pour voir que le droit divin est en opposition directe avec la théorie révolutionnaire et la prétendue souveraineté du peuple; et c'est parce que l'esprit révolutionnaire s'est infiltré dans presque toutes les têtes depuis un siècle, qu'il est devenu si difficile de faire comprendre aux gens la vérité en matière sociale et politique.

Sachons-le bien : c'est principalement parce qu'elle est l'ennemie jurée de DIEU et de son Église, que la Révolution est l'ennemie de la royauté légitime, de la monarchie très-chrétienne, aujourd'hui représentée par Henri V.

Tout ce qui, à un degré quelconque, est révolutionnaire en France est contraire à la cause d'Henri V : c'est la preuve la plus splendide de la légitimité, de la sainteté de cette cause.

VIII.

Que l'antique monarchie chrétienne qu'il s'agit de restaurer en France diffère essentiellement de tous les pouvoirs qui nous ont gouvernés depuis 89.

Ce qui fait qu'un pouvoir est légitime, ce ne sont ni les intentions ni les qualités de celui qui l'exerce :

(1) *Correspondance*, p. 99.

ce sont les principes sur lesquels il s'appuie. De même, ce qui fait qu'un pouvoir est révolutionnaire, ce ne sont ni les intentions ni la perversité de ceux qui l'exercent, mais bien les principes révolutionnaires qui lui servent de base. Cette distinction est fondamentale.

Depuis 1789, tous les gouvernements de fait qui se sont succédé et qui ont dirigé la France, se sont tous, comme nous l'avons dit, appuyés plus ou moins sur les principes mensongers de la souveraineté du peuple et de l'indifférence politique en matière de religion. Pour ce motif, tous ont été plus ou moins révolutionnaires.

La Restauration elle-même, tout en maintenant le vrai principe monarchique, avait fait à l'esprit du temps des concessions qui l'ont perdue en l'affaiblissant. Elle avait conservé trois éléments de mort : l'Université napoléonienne, qui était et qui est toujours l'école, la pépinière de la Révolution ; la liberté, ou plutôt, la licence de la presse, qui est la grande arme de la Révolution ; enfin la franc-maçonnerie, qui est l'armée organisée de la Révolution. La Révolution a perdu Charles X, comme elle avait perdu Louis XVI.

« Je suis la Révolution, » disait un jour, de lui-même, Napoléon Ier. Louis-Philippe eût pu en dire autant, quoique à un autre point de vue. Nos deux républiques, plus encore s'il se peut ; et chacun sait comment le second Empire, malgré la modération habituelle, pour ne pas dire l'hypocrisie, de ses procédés avait inscrit, en tête de sa constitution « les immortels principes de 89, la souveraineté nationale et le suffrage universel ».

Le premier Empire était la Révolution militaire; le gouvernement de Juillet, la Révolution parlementaire bourgeoise; les trois Républiques, la Révolution démocratique; le second Empire, la Révolution diplomatique et soi-disant pacifique.

Tous ces pouvoirs, bâtis sur le sable, ne pouvaient durer : le souffle de la colère de Dieu les a renversés les uns après les autres, les uns comme les autres, les uns sur les autres. Aucun gouvernement issu de la Révolution n'est viable.

La monarchie légitime, la monarchie vraiment catholique qu'il s'agit de relever, diffère par son essence de tous ces gouvernements. Le Roi Henri V, qui, par la grâce de Dieu, la comprend et la représente, s'appuie sur un droit qu'il tient de Dieu et que confirme l'enseignement catholique le plus traditionnel, le plus autorisé. S'il revendique la couronne, c'est qu'elle lui appartient par sa naissance; c'est qu'elle est à lui, d'après l'antique et vénérable constitution française, que les passions et l'incrédulité ont seules fait oublier à notre pauvre France; et s'il ne fait que se proposer à la libre acceptation de son peuple, le droit, le droit divin au nom duquel il nous dit à tous : « Je suis votre Roi », s'impose à notre esprit, comme toute vérité.

Donc, indépendamment de toute considération personnelle, la royauté d'Henri V repose sur des principes vrais, certains, immuables, catholiques; tandis que les autres gouvernements que nous avons eus depuis près d'un siècle reposaient sur la base essentiellement fragile de principes erronés, révolutionnaires, condamnés par la foi et, on peut bien l'ajouter, par la saine raison et l'expérience.

La légitimité est essentiellement une question de principes; il ne faut jamais en faire, comme on le fait presque toujours, une question de personnes.

IX.

Si, en remontant sur le trône de France, le Roi y fera monter avec lui « le despotisme et la tyrannie ».

Les aveugles adversaires de la monarchie légitime ont trois vieilles *rengaines*, qui alimentent, depuis cent ans, toute la presse révolutionnaire, celle qui porte l'habit noir comme celle qui porte la blouse. La première de ces rengaines, qui ne mérite pas même qu'on s'y arrête, c'est l'accusation de « théocratie ». On confond, parce qu'on le veut bien, et parce qu'on ne sait pas ce dont on parle, la théocratie, qui est le gouvernement *direct* et immédiat de Dieu, avec la soumission archi-légitime d'un Souverain et de son gouvernement à la volonté de Dieu. Le gouvernement de Moïse était un gouvernement théocratique; le gouvernement que nous demandons est tout simplement un gouvernement chrétien et soumis à la loi de Dieu.

La seconde rengaîne révolutionnaire, ce sont les grands mots de *despotisme* et de *tyrannie*. Tout roi est un *despote ;* tout prince est un *tyran*. Ici encore, ils ne savent ce qu'ils disent ; ou plutôt ils ne le savent que trop : ils mentent, pour séduire le pauvre peuple.

Un *despote* est un homme qui gouverne, commande, défend, en suivant ses caprices, sans tenir compte de la justice ni du droit. Un *tyran* est un despote cruel, un despote qui non-seulement gouverne arbitrairement, mais qui, de plus, opprime, écrase le pauvre peuple. Quel rapport, dites-moi, y a-t-il entre ces deux idées et celle d'un Roi légitime, chrétien, ami de l'ordre et du bonheur publics, éclairé et conduit par la loi de Dieu, dirigé par les lumières de la foi dans le droit sentier de la justice? Autant est abominable le type du tyran et du despote, autant celui du Roi chrétien est noble, attrayant et digne de respect.

La monarchie française, telle que l'avaient constituée et l'Église et les siècles, était garantie contre ses propres faiblesses, autant que peut l'être ici-bas une institution humaine. D'après cette constitution incomparable, le Roi avait d'abord pour premier conseiller et, pour ainsi dire, pour lumière et conscience, l'Église, la foi, la loi divine, représentée par les Évêques et, au besoin, par le Pape. Quelle plus puissante garantie contre les écarts de l'orgueil et du despotisme ?

Ensuite, le Roi était entouré des sommités de la

France, des plus puissants et des plus riches seigneurs du pays, qui, après l'Ordre du clergé, formaient le second Ordre de la nation. Les seigneurs, par leur puissance même, tempéraient ce que l'autorité royale pouvait avoir de trop puissant, garantissaient ainsi le peuple contre les abus de pouvoir toujours possibles par cela seul qu'un Roi est un homme; et en même temps ils couvraient le Roi contre les révoltes également possibles de ses sujets.

Enfin, le peuple proprement dit, fortement organisé au moyen de nombreuses institutions municipales et ouvrières jouissait de libertés très-étendues et très-réelles, protégées par l'Église et aussi vieilles que la France elle-même.

Lorsque le besoin s'en faisait sentir, les représentants du clergé, des seigneurs et des communes, librements élus par leurs pairs, se rassemblaient autour du Roi et portaient à sa connaissance toutes les plaintes, tous les désirs de la France. C'était ce qu'on appelait les *Assemblées des notables* ou les *États généraux* du royaume. Malheureusement pour la France et pour la monarchie elle-même, ces grandes assises nationales furent supprimées de fait, à partir de Richelieu.

Tant que les États généraux purent se réunir, la monarchie chrétienne et française fut le premier et le plus magnifique pouvoir de l'Europe ; et, sauf des perfectionnements et des changements de forme nécessités par le changement des temps, c'est à ce type excellent que nous voudrions revenir. Ce n'est point là rétrograder : c'est remonter à une hauteur d'où nous ont fait descendre le protestantisme d'abord, puis l'absolutisme de Richelieu et de Louis XIV, puis enfin les honteuses doctrines de l'incrédulité voltairienne et de l'impiété révolutionnaire.

Rien n'est plus opposé au despotisme et à la tyrannie que la vraie monarchie chrétienne et traditionnelle de la France. Cette monarchie est le pouvoir le plus juste, le plus fort, et tout à la fois le plus réglé qu'il soit possible de concevoir. En le redemandant à DIEU et aux hommes, nous demandons, non l'esclavage, mais la délivrance de notre patrie. Nous voulons l'autorité, non le despotisme ; nous voulons la liberté, non la licence ; nous voulons le règne de DIEU sur la France, parce que ce règne, oublié depuis trop longtemps, n'est que le règne de la vérité, de la paix, de l'ordre et de la vraie liberté.

Quant au despotisme et à la tyrannie, nous laissons cela aux révolutionnaires et à ces pouvoirs de toute couleur, nés de la Révolution, qui ne parlent si haut de la liberté que parce qu'elle fait défaut à la pauvre France et que ne pouvant lui donner la chose, ils cherchent à la satisfaire avec le mot.

Le Roi de France nous apportera, DIEU aidant, la vraie liberté, en même temps que la vraie autorité. Voilà pourquoi nous soupirons après son retour.

Voici ce que, du fond de son exil, dit et répète ce tyran d'un nouveau genre : « La France réclame à bon droit les garanties du gouvernement représentatif, honnêtement, loyalement pratiqué avec toutes les libertés et tout le contrôle nécessaires. Elle désire une sage décentralisation administrative, et une protection efficace contre les abus d'autorité. Un gouvernement qui fait de l'honnêteté et de la probité politique la règle invariable de sa conduite, loin de redouter ces garanties et cette protection, doit, au contraire, les rechercher sans cesse (1). »

Non assurément, ni l'Église catholique, ni la monarchie traditionnelle ne sont hostiles aux doctrines de tolérance et de liberté ; et, loin d'être les ennemis de tout progrès bien entendu, elles en ont souvent pris la sage initiative et toujours favorisé le salutaire développement.

« Il est utile, ajoute le Prince, de rappeler cette vérité à ceux qui l'oublient (2). »

X.

Que la monarchie chrétienne représentée par Henri V, n'a rien de commun avec « les abus de l'*ancien régime* ».

La troisième rengaîne, qui revient à tout propos sous la plume et sur la langue des ennemis de la monarchie, c'est ce qu'on est convenu d'appeler « les abus de l'ancien régime ».

Ici, il faut distinguer entre « l'ancien régime »,

(1) *Correspondance*, p. 269.
(2) *Correspondance*, p. 210.

et « le régime très-ancien », ou, pour parler plus clairement, le régime très-chrétien.

En effet, à l'époque de la révolution française, une modification fatale s'était opérée insensiblement dans le régime intérieur de la France. Le Cardinal de Richelieu, craignant sans doute d'être gêné par les États généraux dans les plans de sa politique, parvint à les empêcher de se réunir pendant le règne de Louis XIII, ou, pour mieux dire, pendant tout son règne à lui-même. En même temps, il comprima, il abaissa tant qu'il put la puissance des seigneurs et la liberté des Évêques, contre-poids si utile, si indispensable de l'autorité royale. Louis XIV suivit son exemple. Il put bientôt dire cette parole devenue célèbre : « L'État, c'est moi » : axiome gros de dangers, contraire aux droits de DIEU, aux traditions catholiques de la France, et à sa vieille constitution si sage et si forte.

Sous Louis XIV, la France s'absorba de plus en plus dans l'autorité personnelle du Roi. Sous la Régence du duc d'Orléans, tout était soumis aux influences et même aux intrigues de la Cour; et cet état de choses continua sous le règne de Louis XV.

De là naquirent une quantité d'abus, qu'on appelle aujourd'hui les abus de « l'ancien régime ». Une lettre de cachet suffisait pour envoyer un homme en prison, sans aucun jugement; c'était un acte essentiellement arbitraire, qui ne devait amener aucune justification, aucune défense; un acte dont les conséquences étaient indéfinies, que rien ne contrôlait, qui ouvrait la porte à toutes les injustices et qui était justement odieux. Les charges les plus importantes de l'État et même de l'Église s'obtenaient trop souvent par des favoris ; on vendait et on achetait les charges de la magistrature, etc. La Révolution, il est vrai, en a fait cent fois, cent mille fois plus. Qu'est-ce, en effet, que ces abus, en comparaison de cette abominable tyrannie, de ces scènes hideuses, de ces meurtres, de ces échafauds sanglants, de ces ruines de tout genre, et, par-dessus tout, de cet épouvantable régicide, de ces forfaits sans nom qui seront à jamais le stigmate du règne de la Révolution?

Mais enfin les abus de l'absolutisme étaient réels, étaient criants, et la nécessité d'une réforme sérieuse était sentie de tous, à commencer par le bon et honnête Louis XVI.

Si la terrible révolution qui fit expier à Louis XVI et à toute la famille royale les fautes de ses devanciers, n'éclata point plus tôt, ce fut à cause de la puissante vitalité que la monarchie française avait puisée dans sa vieille et chrétienne constitution. La France vivait de son passé. Elle finit pourtant par succomber. Les voltairiens, les francs-maçons et les autres révolutionnaires attaquèrent la royauté par son côté vulnérable ; ils parvinrent, en ajoutant le mensonge aux exagérations, à détacher le peuple de son Roi; ils lui firent oublier ses nobles traditions de foi et de fidélité ; ils circonvinrent le Roi lui-même, paralysèrent ses efforts, et finirent par le faire passer du trône à la prison du Temple, et du Temple à l'horrible échafaud du 21 janvier.

Quand nous parlons d'un retour à la monarchie très-chrétienne, nous n'entendons pas le moins du monde le retour à l'arbitraire, à l'omnipotence de la Cour, au règne du bon plaisir et du caprice royal. Nous entendons, et le Roi Henri V l'entend ainsi le premier, le retour à une autorité, légitime en son essence, forte mais toujours juste en son exercice; le retour à une autorité soumise à la suprême autorité de DIEU, éclairée et sauvegardée par l'enseignement de la sainte Église, tempérée et tout ensemble soutenue par de fortes institutions provinciales et par des libertés municipales, qui remplaceront les anciennes institutions emportées par le vent des révolutions.

Voyez si le programme royal que Henri V a tracé de sa propre main ressemble en quoi que ce soit à l'absolutisme de « l'ancien régime ». « Mes dispositions », écrivait-il dès 1856, dans un manifeste que toute la France a connu, mes dispositions sont toujours les mêmes et ne changeront jamais.

« Exclusion de tout arbitraire; — le règne et le respect des lois; — l'honnêteté et le droit partout; — le pays sincèrement représenté, votant l'impôt et concourant à la confection des lois; — les dépenses sincèrement contrôlées; — la propriété, la liberté individuelle et religieuse inviolables et sacrées; — l'administration communale et départementale sagement et progressivement décentralisées; — le libre accès pour tous aux honneurs et aux avantages sociaux : telles sont à mes yeux les véritables garanties d'un bon gouvernement; et tout mon désir est de pouvoir un jour me dévouer tout entier à l'établir en France, et assurer ainsi à ma patrie le repos et le bonheur (1).

Et, dix ans après, il disait plus explicitement encore : « Un pouvoir fondé sur l'hérédité monarchique, respecté dans son principe et dans son action, sans faiblesse comme sans arbitraire; — le gouvernement représentatif dans sa puissante vitalité; — les dépenses publiques sérieusement contrôlées; — le règne des lois; — le libre accès de chacun aux emplois et aux honneurs; — la liberté religieuse et les libertés civiles consacrées et hors d'atteinte; — l'administration intérieure dégagée des entraves d'une centralisation excessive; — la propriété foncière rendue à la vie et à l'indépendance par la diminution des charges qui pèsent sur elle; — l'agriculture, le commerce, l'industrie constamment encouragés; — et, au-dessus de tout cela, une grande chose : l'honnêteté! l'honnêteté qui n'est pas moins une obligation dans la vie publique que dans la vie privée; l'honnêteté qui fait la valeur morale des États comme des particuliers (2) ? »

Voilà le très-ancien et très-chrétien régime dont nous saluons d'avance le retour.

(1) *Correspondance*, p. 157.

(2) *Correspondance*, p. 254.

XI.

S'il est vrai que le règne d'Henri V serait le règne d'une caste privilégiée, le règne de la noblesse et de la Cour.

C'est le Prince lui-même qui va répondre à ce préjugé par trop démocratique.

« Je me suis constamment efforcé, écrivait-il il y a plus de vingt ans, de prouver par mes paroles comme par ma conduite, que, si la Providence m'appelle à régner un jour, je ne serai pas le Roi d'une seule classe, mais le Roi ou plutôt le père de tous. Partout et toujours, je me suis montré accessible à tous les Français, sans distinction de classes et de conditions. Je les ai tous vus, tous écoutés, tous admis à se presser autour de moi.

« Comment après cela pourrait-on encore me soupçonner de ne vouloir être que le Roi d'une caste privilégiée, ou, pour employer les termes dont on se sert, le Roi de l'ancien régime, de l'ancienne noblesse, de l'ancienne Cour? J'ai toujours cru, et je suis heureux de me voir ici d'accord avec les meilleurs esprits, que désormais la Cour ne peut plus être ce qu'elle était autrefois.

« J'ai toujours cru également qu'il faut que toutes les classes de la nation s'unissent pour travailler de concert au salut commun, y contribuant; les uns par leur expérience des affaires, les autres par l'utile influence qu'elles doivent à leur position sociale. Il faut que toutes soient engagées dans cette lutte du bien contre le mal; que toutes y apportent le concours de leur zèle et de leur active coopération; que toutes y prennent leur part de responsabilité, afin d'aider loyalement et efficacement le pouvoir à fonder un gouvernement qui ait tous les moyens de remplir sa haute mission, et qui soit durable.

« Toujours aussi j'ai eu l'intime conviction qu'il n'y a que la monarchie restaurée sur la base du droit héréditaire et traditionnel qui, répondant à tous les besoins de la société, telle que l'ont faite les événements accomplis depuis plus d'un demi-siècle, puisse concilier tous les intérêts, sauvegarder tous les droits acquis, et mettre la France en pleine et irrévocable possession de toutes les sages libertés qui lui sont nécessaires.

« J'apprécie tous les services qui ont été rendus à la patrie; je tiens compte de tout ce qui a été fait à différentes époques, pour la préserver des maux extrêmes dont elle était et dont elle est encore menacée.

« J'appelle tous les dévouements, tous les esprits éclairés, toutes les âmes généreuses, tous les cœurs droits, dans quelques rangs qu'ils se trouvent, et sous quelque drapeau qu'ils aient combattu jusqu'ici, à me prêter l'appui de leurs lumières, de leur bonne volonté, de leurs nobles et unanimes efforts pour sauver le pays, assurer son avenir, et lui préparer, après tant d'épreuves, de vicissitudes et de malheurs, de nouveaux jours de gloire et de prospérité.

« Telles ont été dans tous les temps, et telles sont encore mes dispositions et mes vues (1). »

Plus tard, Henri V insistait sur le même sujet. « Loin de repousser personne, disait-il, je serai heureux, au contraire, d'accueillir tous les hommes utiles, dans quelque situation politique qu'ils se soient trouvés, à quelque nuance d'opinion qu'ils appartiennent, pourvu qu'ils apportent au service de l'État un zèle éclairé et un véritable dévouement. Car, si la Providence m'appelle à remonter un jour sur le trône de mes pères, je n'aurai pas trop du concours de tous les talents, de toutes les capacités, de tous les caractères honorables, de tous les cœurs qui aiment sincèrement leur patrie, pour m'aider à remplir les grands devoirs qui me seront imposés (2). »

Après cela n'est-il pas *évident* que le règne d'Henri V serait le règne d'une caste privilégiée, le règne de la noblesse et de la Cour? Qu'en dites-vous?

XII.

Quelle est la vraie liberté que la France attend de son Roi.

Sur ce point encore, nous avons sa parole : « Aujourd'hui, a-t-il dit, relever tout à la fois l'autorité royale et la liberté, en les fortifiant l'une par l'autre pour les préserver de ces cruels retours, de ces fatales alternatives d'anarchie et de despotisme, de

(1) *Correspondance,* p. 106.
(2) *Correspondance,* p. 126.

licence et de servitude, voilà le problème. J'ai la ferme confiance qu'il me sera donné de contribuer au moins à le résoudre (1).

« Fasse le ciel que bientôt, sortant de mon inaction forcée, je puisse me sacrifier tout entier au triomphe du droit sur l'iniquité, de la vérité sur le mensonge, de l'ordre et de la liberté sur la licence et l'oppression : en un mot, de la civilisation chrétienne sur la barbarie révolutionnaire. C'est mon désir ardent et ma ferme espérance (2). »

La licence, la barbarie révolutionnaire, nous les voyons à l'œuvre depuis cent ans, à chacune de nos révolutions. Les orgies sanglantes de 93, les massacres et les proscriptions de la Terreur, les barricades de juillet, les assassinats des Princes et des Rois, les horreurs des journées de juin, et, par-dessus tout, le règne sanglant et ignoble de la Commune en 1871, avec la guerre civile, le pillage organisé et l'incendie de Paris : voilà les fruits de cette licence qui a osé s'appeler la liberté.

Henri V nous apportera la liberté, la bonne liberté du bien et du vrai; et c'est parce qu'il aimera la liberté, qu'il détestera, qu'il réprimera la licence.

Cependant, que les nigauds se rassurent : le Roi très-chrétien ne persécutera, ne brûlera personne; seulement, il empêchera de son mieux le démon et ses bons amis de faire leurs mauvais coups, de perdre les âmes et d'empoisonner le pauvre peuple.

(1) *Correspondance*, p. 193.
(2) *Correspondance*, p. 199.

Le retour du Roi légitime, c'est donc au fond le retour de la liberté légitime, qui seule mérite le beau nom de liberté.

XIII.

Si Henri V va rétablir, comme on veut le faire croire, « la dîme et les droits féodaux ».

Voilà encore une de ces niaiseries, plus grosses qu'une montagne, et que l'on avale sans sourciller, sous les pieuses exhortations des francs-maçons et des démocrates, qui n'en croient pas un mot.

D'abord savez-vous ce que c'est que la dîme? Sur cent qui s'en épouvantent, il y en a quatre-vingt-dix-neuf qui ne savent pas ce que c'est, et le centième ne le sait pas non plus. La dîme était une redevance annuelle que payaient autrefois à l'Église les braves gens qui vivaient sous sa protection dans les domaines ecclésiastiques. C'était une espèce d'impôt qui se payait en nature, et qui constatait le devoir imposé par Notre-Seigneur au peuple chrétien de subvenir aux besoins temporels de ceux qui se dévouent à ses besoins spirituels.

Dans les temps de foi, cette redevance paraissait toute naturelle. Quoi de plus simple, en effet, que la reconnaissance effective envers cette Église bienfaisante, dont les ministres abandonnent tout pour se dévouer au salut des âmes, à l'instruction et à l'éducation du peuple fidèle, à l'administration des sacrements, à la prière publique et au soin des pauvres?

Dîme veut dire *dixième;* l'Église et la coutume avaient, en effet, fixé au dixième la part qui devait revenir au clergé sur les fruits et produits de la terre.

La Révolution s'indigne contre la dîme, par ce que la dîme avait un caractère essentiellement religieux, parce qu'elle était un acte de foi et de soumission à cette Église abhorrée dont la destruction est le but final de la grande conspiration révolutionnaire. Mais que la dîme soit chose bonne ou mauvaise, juste ou injuste, où a-t-on pris qu'Henri V pense à la rétablir ? Ces sortes d'accusations sont tellement niaises, tellement ridicules que, pour toute réponse, il suffit de hausser les épaules.

Ce sont les sociétés secrètes et les mauvais journaux qui ont inventé ces stupidités et qui les font avaler au peuple « le plus spirituel du monde » (vieux style).

Il en est de même de ces fameux *droits féodaux*, qu'Henri V, disaient-ils, va rétablir. Encore une chimère ; encore une calomnie absurde !

« Les droits féodaux » n'étaient guère que des redevances, souvent très-peu onéreuses, ou encore certains hommages, insignifiants en eux-mêmes, qu'imposaient les seigneurs à leurs vassaux, en échange des terres dont ils leur abandonnaient les fruits ou même la propriété. Dans un temps où l'orgueil et l'envie n'avaient pas encore été surexcités parmi les ouvriers et les paysans, ces droits seigneuriaux n'avaient rien de choquant ; et il ne faut pas juger de ces anciens usages avec l'esprit de folle indépendance qui relâche et bouleverse aujourd'hui tous les liens sociaux.

Maintenant le seigneur universel, insatiable et invisible, qui s'appelle l'État, a jeté son grappin redoutable sur la France ; il lui suffit d'une loi, d'un décret portant l'étiquette de « l'utilité publique », pour prendre tout ce qui lui plaît, pour violer sans appel la propriété individuelle ; par la conscription, il prend de force nos enfants, les arrache au foyer et au bonheur domestiques, les jette brutalement ou dans la corruption des casernes, ou sous les canons de l'ennemi ; du matin au soir, du commencement jusqu'à la fin de la vie, il foule aux pieds les droits les plus sacrés de la famille et de la conscience, sans compter ceux de Dieu et de l'Église.

Et les misérables qui ont jeté et qui maintiennent notre France dans cet esclavage osent accuser un passé qui avait contre lui des abus sans aucun doute, mais dont les institutions fondamentales étaient excellentes, protectrices de toutes les libertés vraies, essentiellement conformes à la loi de Dieu.

Presque tout ce qu'on a dit de ces horribles « droits féodaux » sont ou de pures inventions ou des exagérations grossières, uniquement dictées par la haine de l'autorité légitime et par l'impiété.

De grâce, gardons-nous une bonne fois de cette école de mensonge qui nous séduit, qui nous perd depuis plus d'un siècle, et demandons à Dieu de rendre au peuple français le sens du vrai que la Révolution semble lui avoir enlevé si profondément.

Henri V ne songe pas plus à rétablir la dîme et les droits féodaux qu'à nous faire marcher la tête en bas, ou à remplacer le chassepot par les vieilles arbalètes du temps de saint Louis, et les canons rayés par les vénérables catapultes des Étrusques.

XIV.

Si Henri V forcera tout le monde d'aller à la Messe et à confesse.

Dans celles de nos provinces qui sont encore chrétiennes, les sociétés secrètes font peur aux pauvres gens en les menaçant de la dîme et des droits féodaux. Dans les provinces, trop nombreuses hélas! où la Révolution a fait son œuvre et a déchristianisé les masses, on leur dit : « Le jour où Henri V arrivera au pouvoir, il vous forcera d'aller à la Messe et à confesse. Ce sera le règne des curés, des jésuites, des capucins. Nous n'aurons plus la liberté de penser. Nous serons sous l'éteignoir clérical. Donc, honnêtes moutons, ajoutent-ils, votez pour nous. Soyez des nôtres. »

Et il y a des gens, beaucoup de gens assez bêtes (qu'on me pardonne cette expression qui rend exactement ma pensée), oui, assez bêtes pour le croire.

Non, Henri V n'obligera personne à aller à la Messe ni à confesse. Non, il n'opprimera personne ; il ne lèsera aucun des droits de votre conscience. Ce qu'il fera, ce sera de protéger tout ce qui est bon contre tout ce qui est mauvais ; de protéger les pauvres gens, beaucoup plus nombreux qu'on ne pense, qui sont actuellement privés de leur liberté religieuse, par les exigences odieuses et arbitraires d'une quantité de patrons ou de maîtres sans conscience.

Parce qu'il sera un Souverain sérieusement chrétien, sérieusement catholique, le roi empêchera autant qu'il le pourra, les scandales publics de l'impiété; et par ses exemples d'abord, puis par l'influence d'une autorité prudente et ferme, il aidera l'Église à faire le bien, à combattre les vices, à élever chrétiennement les enfants des familles chrétiennes, à faire connaître et à faire servir le bon DIEU; mais, comme l'Église elle-même, il n'obligera personne à être chrétien. Ceux qui voudront aller en enfer auront toujours la liberté d'y aller; seulement les empoisonneurs publics n'auront plus toute liberté de séduire, de calomnier, de pervertir. Est-ce là un mal, je vous prie?

Ayant pour base le droit et la justice, le règne d'Henri V sera le règne de l'honnêteté et du bien. Voilà pourquoi il est digne des sympathies, des respects de tous les honnêtes gens.

Savez-vous quel est le véritable éteignoir? C'est l'autocratie aveugle de l'État révolutionnaire; qui opprime et qui supprime arbitrairement ce qui lui déplaît et, avant tout, la liberté catholique, mère et protectrice de toutes les autres libertés.

XV.

Pourquoi tous les hommes d'ordre doivent saluer avec bonheur le retour d'Henri V.

Henri V, s'il m'est permis de parler ainsi, n'est pas tant un homme qu'un principe. C'est le principe du droit, qui vient se substituer à l'absence de tout principe, ou, ce qui est pis encore, aux principes erronés, chimériques, délétères, de la souveraineté du peuple et de l'athéisme politique.

Henri V, c'est l'ordre, l'ordre stable et vrai, succédant à cette apparence d'ordre fait avec du désordre, dont nous *jouissons* depuis 1789.

Nous l'avons dit, nous en sommes arrivés à un tel point, qu'il n'y a plus maintenant de milieu possible pour ces partis mitoyens, demi-vrais, demi-faux, qui croyaient pouvoir vivre avec des fragments de vérité sans être obligés de rompre avec les fameux principes de 89, marotte de notre siècle. Pas plus en politique qu'en religion, ces tiers-partis ne sont possibles aujourd'hui. Si on veut le rétablissement de l'ordre, il faut le vouloir tout entier, non-seulement avec ses conséquences, mais aussi avec son principe, c'est-à-dire avec le retour d'une monarchie évidemment légitime, dont le droit est indiscutable et supérieur aux caprices et aux oscillations du peuple.

Il faut choisir : ou bien être *homme d'ordre* (grand mot dont on a bien abusé depuis cent ans), être homme d'ordre avec le Roi légitime ; ou bien être franchement révolutionnaire. Les *métis*, qu'on appelle « les libéraux », sont des révolutionnaires qui s'ignorent, qui croient qu'on peut faire de l'ordre avec du désordre, de l'autorité avec les principes qui sapent l'autorité par sa base. Il faut qu'ils choisissent : ou le Roi, ou la Révolution ; ou le droit, ou le caprice ; ou le blanc ou le rouge. Il n'y a plus de place pour le tricolore, lequel est doublé de rouge, nous ne le voyons que trop depuis 89.

Le Roi Henri V a l'honneur insigne de représenter, et de représenter seul aujourd'hui, le grand principe de la légitimité. C'est pour cela qu'il tient en ses mains le salut de la France ; c'est pour cela que tous les véritables hommes d'ordre, tous les gens de bien doivent se ranger sous sa bannière.

XVI.

Comment, chez un très-grand nombre de gens de bien, appartenant aux anciens partis politiques, le retour de la monarchie légitime n'est que la réalisation de ce qu'ils ont vainement cherché jusqu'ici.

Parmi les anciens libéraux, à l'époque de la révolution française, et même parmi les républicains modérés, il y avait bon nombre d'hommes fort sincères, qui, choqués outre mesure des abus de l'absolutisme royal, ne virent, dans la révolution qui s'opérait en France et à laquelle ils travaillaient avec enthousiasme, qu'un retour aux anciennes libertés nationales et la cessation du régime de l'arbitraire. Le fait est certain.

De même, quelques années plus tard, lorsque Napoléon Ier releva le trône brisé, et, mêlant le faux avec le vrai, constitua l'Empire, beaucoup de gens honorables se rallièrent au nouvel ordre de choses parce qu'ils n'y voyaient qu'un élément d'autorité et de force, capable de réparer les ruines de la Terreur.

Sous la Restauration, on salua les Bourbons comme représentant le principe monarchique héréditaire et les antiques traditions de la France ; mais on ne se préoccupait pas, ou du moins pas assez, du venin libéral et gallican, qui était répandu dans la charte de 1815 et dans l'ensemble de nos lois athées.

Malgré son origine si évidemment révolutionnaire, malgré ses tendances irréligieuses et libérâtres, le régime de Juillet compta également parmi ses partisans bon nombre d'hommes honnêtes qui croyaient sincèrement à la liberté du libéralisme et qui voulaient de très-bonne foi le bien public.

Il en fut de même sous la république de 1848 ; sans être républicains, quantité d'hommes d'ordre crurent trouver dans la république une forme d'institutions plus large, plus simple, plus adaptée aux exigences du moment. Ils purent donc se rallier très-loyalement, très-sincèrement à cette pauvre république.

A son tour et malgré certains « points noirs » qui dès lors apparaissaient à l'horizon, le rétablissement du second Empire put être regardé par les hommes d'ordre comme un bonheur pour la France, d'autant plus facilement que les premières années du règne de Napoléon III parurent empreintes d'un caractère de modération ferme et de respect pour la Religion, qui faisait bien augurer de l'avenir. Esprits conservateurs, ils trouvaient dans le régime impérial un élément vigoureux d'autorité, nécessaire, semblait-il, pour réprimer l'anarchie.

Ces hommes étaient véritablement des hommes d'ordre, des gens de bien. Ce qu'ils ont cherché, ce qu'ils ont cru trouver dans ces différents régimes, c'était la sécurité, la paix publique, la prospérité du pays : toutes choses excellentes.

Mais ces biens si désirables ne se trouvent que là où la Providence les a mis comme en dépôt : dans la vraie et légitime autorité, dans la vraie et légitime liberté : dans la vraie autorité, qui seule peut sérieusement réprimer la licence ; et dans la vraie liberté, qui seule n'est pas un danger pour l'autorité.

Or, dans la monarchie très-chrétienne, que représente Henri V et qu'il s'agit de rendre à notre France, nous trouverons ce que nous avons vainement, quoique honnêtement, cherché ailleurs.

En devenant *légitimistes*, c'est-à-dire partisans de la monarchie légitime, nous ne faisons que saisir l'idéal après lequel nous avons inutilement couru sur la terre étrangère. Nous faisons comme le voyageur qui, après avoir pris, sans le savoir, et à plusieurs reprises, des chemins qui ne le menaient point à son but, reconnaît enfin son erreur, et rentre sans hésiter dans le vrai chemin, dès qu'il vient à le connaître.

Nous faisons comme ces pauvres âmes que le malheur de leur naissance et de leur éducation a fait grandir ou dans l'indifférence ou dans le schisme ou dans l'hérésie, et qui embrassent avec autant de droiture que de bonheur la foi catholique dès que leurs yeux s'ouvrent à sa lumière.

En politique comme en religion, comme en toutes choses, ne faut-il pas mettre avant tout l'amour de la vérité? Du moment que la vérité politique se montre à nous, comme elle le fait en ces temps-ci, claire et lumineuse, rallions-nous sans hésiter autour de son drapeau, et bénissons DIEU qui nous permet enfin de saluer la réalisation de nos plus chères, de nos plus légitimes espérances.

Rallions-nous à la monarchie héréditaire d'Henri V, afin d'être de vrais honnêtes gens, de vrais hommes d'ordre. Si l'on nous accuse d'être inconséquents avec notre passé, nous aurons la consolation bien supérieure d'être conséquents avec notre conscience et avec des instincts d'honnêteté qui, grâces à DIEU, ne nous ont jamais fait défaut, mais qui, jusqu'à ce jour, n'étaient point guidés par une lumière suffisante.

En politique comme en religion, passer du camp de l'erreur dans le camp de la vérité, ce n'est pas apostasier, c'est se convertir, c'est remplir un véritable devoir de conscience.

XVII.

Pourquoi les ouvriers et les paysans sont tout spécialement intéressés au rétablissement de la monarchie légitime.

Parce que la monarchie légitime est seule capable de rétablir tout de bon l'ordre et la paix ; parce que les révolutions qui sont nées précisément de l'oubli des principes sur lesquels repose la vraie monarchie, enlèvent aux pauvres travailleurs le nécessaire, le pain de chaque jour.

Avec nos belles révolutions modernes, nous passons notre temps à renverser aujourd'hui ce que nous avons bâti hier. Il n'y a plus de sécurité dans les esprits, plus de stabilité dans les affaires, et par conséquent il n'y a pas d'affaires ; le travail est interrompu à tout propos : or le travail, qu'est-ce pour l'ouvrier et le pauvre peuple, sinon le pain quotidien, le strict nécessaire ? Pour le riche, les révolutions sont sans doute fort désastreuses aussi ; mais enfin elles ne les privent que du superflu. A l'ouvrier, au pauvre travailleur, elles enlèvent tout ; elles le réduisent à la misère, et le poussent trop souvent à des extrémités détestables, car la misère est mauvaise conseillère.

Autrefois, lorsque les bases de la société étaient affermies par le respect de notre antique et chrétienne monarchie, l'ordre n'était jamais troublé qu'à la surface. Un Roi succédait à un Roi ; le Roi ne mourait pas. Un changement de règne ne changeait rien à la France ; c'était simplement un grand deuil de famille, auquel s'unissait une grande joie de famille. Alors comme toujours, il y avait des misères, sans aucun doute : il y a, il y aura toujours des misères ici-bas, et les meilleurs régimes ne font que les diminuer ; mais la santé de la France n'était pas atteinte par ces maux accidentels ; la prospérité, la foi, l'honneur et le bonheur du peuple demeuraient intacts.

L'esprit démocratique et révolutionnaire, introduit en France par le calvinisme, ne cessa de battre en brèche, pendant plus de deux cents ans, cette belle et excellente monarchie française qui servait de fondement à la paix et à la prospérité du pays. En 1789, l'édifice s'écroula ; et depuis, nous avons vécu de ruines et au milieu de ruines.

A qui, dites-moi, ont profité les douze ou treize révolutions qui, depuis 89, se sont succédé sans interruption ? Est-ce aux pauvres gens ? Est-ce aux ouvriers de nos grandes villes ? De plus en plus exploités par l'industrie, beaucoup d'entre eux se trouvent réduits à une espèce d'esclavage qui ressemble fort à l'état lamentable des esclaves du paganisme. Pour ces pauvres gens, plus de liberté religieuse : sous peine de mourir de faim, ils sont forcés de travailler le dimanche, d'oublier DIEU, de vivre sans religion, loin de l'Église. Avec la liberté du dimanche, ils ont perdu et l'esprit de famille, et le bonheur tranquille du foyer, et le repos nécessaire à la santé et à la vie; les cabarets, la mauvaise presse, les sociétés secrètes, les associations politiques et révolutionnaires sont venues compléter l'œuvre, et les épouvantables excès qui déshonorent depuis quelque temps la plupart de nos grandes villes font toucher du doigt la profondeur du mal où la Révolution a jeté la classe ouvrière. Quant aux mœurs de tout ce monde-là, il n'en faut point parler : c'est quelque chose d'effrayant; au dire de bien des missionnaires, c'est une dégradation inconnue chez les nègres et les sauvages.

Quoique les travailleurs de la campagne soient moins pervertis et dès lors moins malheureux, ils sont tombés bien bas aussi : ils ont perdu le sens chrétien, le respect du prêtre et des choses saintes; ils ont perdu la simplicité, la bonne et joyeuse naïveté d'autrefois. Eux aussi s'occupent de politique; le café et le cabaret ont remplacé les bienfaisantes réunions à l'Église. Trop souvent l'instituteur semble n'avoir d'autre mission que de paralyser l'influence du curé, de pervertir la foi des enfants et de préparer ainsi des générations de plus en plus révolutionnaires.

Le retour à la monarchie chrétienne et légitime sera, tout le monde le sent fort bien, le retour à un état de choses tout différent. L'ordre, remis à la base même des institutions du pays, se fera bientôt sentir jusque dans les détails : il en sera de la France comme d'un arbre à moitié desséché, auquel la vie est rendue peu à peu par l'eau bienfaisante qui vient baigner ses racines : il reverdit, il pousse de nouvelles branches; il retrouve bientôt son ancienne vigueur et sa fécondité première.

Cette métamorphose bienheureuse peut s'effectuer en beaucoup moins de temps qu'on ne pense : si la France rappelait aujourd'hui et acclamait son Roi, en peu d'années le crédit, le commerce, les grandes et les petites affaires reprendraient avec d'autant plus d'ardeur qu'on pourrait enfin compter sur l'avenir . Les méchants pourraient cette fois trembler tout de bon, les méchants qui sont les seuls véritables ennemis du pauvre peuple; et les bons, c'est-à-dire les vrais amis, les seuls bienfaiteurs de la classe laborieuse, pourraient enfin se rassurer et mettre la main, sans hésiter, à la reconstruction du grand édifice social. Les sources du vice et de l'irréligion, qui sont les principales sources de la misère, seraient taries, autant du moins que le permettent et l'imperfection de toutes les choses de ce monde et la difficulté des circonstances.

Dans son long exil, Henri V a beaucoup étudié les grandes questions qui intéressent la classe ouvrière, soit dans les villes, soit dans les campagnes. Il a sur ce point les idées les plus généreuses, les plus arrêtées. Voici comment, dans un document public, spécialement consacré à cette grave question, il résumait ses pensées : « En présence des difficultés actuelles, ne semble-t-il pas que, fidèle à toutes les traditions de son glorieux passé, la royauté vraiment chrétienne et vraiment française doive faire aujourd'hui, pour l'émancipation et la prospérité morale et matérielle des classes ouvrières, ce qu'elle a fait en d'autres temps pour l'affranchissement des communes? N'est-ce pas à cette royauté qu'il appartient d'appeler le peuple du travail à jouir de la liberté et de la paix, sous la garantie nécessaire de l'autorité, sous la tutelle spontanée du dévouement et sous les auspices de la charité chrétienne (1)? »

Le retour d'Henri V au trône de France serait pour tous, mais surtout pour le peuple proprement dit, le commencement d'une ère nouvelle, d'une ère vraiment chrétienne, vraiment heureuse.

XVIII.

Si cela vaut la peine de rappeler Henri V, puisqu'il n'a pas d'enfants.

Il n'a pas d'enfants, mais il a des héritiers; et ces héritiers lui succéderaient légitimement, sans aucune secousse, d'après la foi fondamentale de la monarchie française.

Depuis bientôt neuf cents ans, ce cas s'est présenté six fois déjà ; et jamais cela n'a fait l'ombre d'une difficulté. Reprenons la même loi. Rentrons

(1) *Correspondance*, p. 239.

dans les mêmes traditions; et nous retrouverons la même paix, récompense des mêmes vertus sociales et politiques. Ne l'oublions pas : Henri V est, avant tout, un principe. Devant ce principe, toutes les questions personnelles disparaissent. Quant à ses héritiers légitimes, nous ne voyons plus en eux que des descendants de saint Louis et d'Henri IV, des princes de la race royale de France, que le droit de leur naissance, que le droit divin appelle au trône.

Et puis, lors même qu'Henri V n'aurait aucun héritier, ni direct ni indirect, il n'en resterait pas moins indispensable de reconnaître son droit et de rentrer dans les voies d'où la Révolution nous a fait sortir. Cette soumission serait devant DIEU et devant les hommes le témoignage de la vérité de notre repentir; elle nous attirerait pour l'avenir les miséricordes divines. Après Henri V, on aviserait.

La grande affaire pour nous, c'est de rentrer dans les voies du droit, et de nous débarrasser une bonne fois de ces haillons ensanglantés qui nous déshonorent et qu'on appelle les principes révolutionnaires. Point de salut pour la France, tant qu'elle demeurera loin de son DIEU et de son Roi, hors de l'Église, pourcourir d'aventures en aventures, et tomber de monarchies frelatées en républiques impossibles.

Dans le principe de la légitimité, nous retrouverons le double trésor que nous avons perdu : l'autorité véritable et la véritable liberté.

XIX.

Si la cause d'Henri V est bonne et vraie, pourquoi donc n'est-elle pas plus populaire.

D'abord, parce que les calomnies de la Révolution ont fini par produire leur effet; puis, parce que quantité de gens de bien sont des *pleutres*.

Quantité de gens de bien croient et espèrent en la monarchie; mais ils n'osent pas le dire tout haut. —Oh! que de petites lâchetés chez les gens de bien! Tout dernièrement un homme d'esprit les appelait « les *gens de bien* peu de cœur ». Pour la cause de la monarchie comme pour la cause de la religion, quatre-vingt-dix personnes sur cent rougissent de la vérité, et ont la déplorable faiblesse de ne pas affirmer hautement leurs convictions.

Jusqu'à quand les méchants seront-ils seuls à montrer de l'énergie, à s'entendre, à agir, à l'emporter presque partout, malgré leur infime minorité? Quoi! nous avons pour nous la vérité; DIEU est avec nous : et nous avons peur! Quelle anomalie!

Il y en a qui craignent qu'Henri V ne soit trop consciencieux, trop chrétien. Oui, il y en a, et beaucoup, même parmi les gens de bien, si réellement honnêtes, si bons et si nombreux. C'est insensé: un Souverain peut-il être trop chrétien, trop consciencieux, sutout dans un temps comme le nôtre, où il s'agit de relever les caractères énervés par la corruption, et de remonter le moral de la France?

Ces pauvres disciples de M. Prud'homme ne se doutent pas du mal incalculable qu'ils font au pays : leur inintelligence et leur faiblesse ouvrent à deux battants les portes aux révolutionnaires et aux révolutions.

Un peu d'énergie ! Et demain, si nous le voulons, la cause du Roi sera populaire, sera gagnée !

XX.

Comment Henri V vient de faire lui-même, à deux reprises, appel au bon sens et à la bonne foi de la France.

Au mois d'octobre dernier, pendant que l'invasion allemande ensanglantait, écrasait la France ; pendant que l'ennemi assiégeait et affamait Paris, Henri V a cru devoir faire un appel au bon sens et à la bonne foi du pays. Ses paroles si simples, si nobles, achèveront de convaincre les esprits qui pourraient douter encore.

« Français, écrivait le Prince le 9 octobre 1870, vous êtes de nouveau maîtres de vos destinées.

« Pour la quatrième fois depuis moins d'un demi-siècle, vos institutions politiques se sont écroulées et nous sommes livrés aux plus douloureuses épreuves.

« La France doit-elle voir le terme de ces agitations stériles, source de tant de malheurs ? C'est à vous de répondre.

« Durant les longues années d'un exil immérité,

je n'ai pas permis un seul jour que mon nom fût une cause de division et de trouble ; mais aujourd'hui qu'il peut être un gage de conciliation et de sécurité, je n'hésite pas à dire à mon pays que je suis prêt à me dévouer tout entier à son bonheur.

« Oui, la France se relèvera si, éclairée par les leçons de l'expérience, lasse de tant d'essais infructueux, elle consent à rentrer dans les voies que la Providence lui a tracées.

« Chef de cette maison de Bourbon, qui, avec l'aide de DIEU et de vos pères, a constitué la France dans sa puissante unité, je devais ressentir plus profondément que tout autre l'étendue de nos désastres, et mieux qu'à tout autre il m'appartient de les réparer.

« Ne l'oubliez pas : c'est par le retour à ses traditions de foi et d'honneur, que la grande nation, un moment affaiblie, recouvrera sa puissance et sa gloire.

« Je vous le disais naguère : gouverner ne consiste pas à flatter les passions des peuples, mais à s'appuyer sur leurs vertus.

« Ne vous laissez plus entraîner par de fatales illusions. Les institutions républicaines qui peuvent correspondre aux aspirations des sociétés nouvelles, ne prendront jamais racine sur notre vieux sol monarchique.

« Pénétré des besoins de mon temps, toute mon ambition est de fonder, avec vous, un gouvernement vraiment national, ayant le droit pour base, l'honnêteté pour moyen, la grandeur morale pour but.

« Effaçons jusqu'au souvenir de nos dissensions passées, si funestes au développement du véritable progrès et de la vraie liberté.

« Français, qu'un seul cri s'échappe de notre cœur :

« *Tout pour la France, par la France et avec la France!*

« HENRI. »

Plus récemment encore, le descendant de saint Louis écrivait, pour qu'on les rendît publiques, les lignes suivantes, qui ont produit sur tous les esprits honnêtes un incroyable effet. Ce nouveau manifeste résume, en le revêtant d'une autorité vraiment royale, les considérations renfermées dans le présent travail.

« Comme vous, mon cher ami, j'assiste, l'âme navrée, aux cruelles péripéties de cette abominable guerre civile, qui a suivi de si près les désastres de l'invasion.

« Je n'ai pas besoin de vous dire combien je m'associe aux tristes réflexions qu'elle vous inspire, et combien je comprends vos angoisses.

« Lorsque la première bombe étrangère éclata sur Paris, je ne me suis plus souvenu que des grandeurs de la ville où je suis né : j'ai jeté au monde un cri de douleur qui a été entendu ; je ne pouvais rien de plus, et aujourd'hui comme alors, je suis réduit à gémir sur les horreurs de cette guerre fratricide.

« Mais ayez confiance, les difficultés de cette douloureuse entreprise ne sont pas au-dessus de l'héroïsme de notre armée.

« Vous vivez, me dites-vous, au milieu d'hommes de tous les partis, préoccupés de savoir ce que je veux, ce que je désire, ce que j'espère.

« Faites-leur bien connaître mes pensées les plus intimes, et tous les sentiments dont je suis animé.

« Dites leur que je ne les ai jamais trompés, que je ne les tromperai jamais, et que je leur demande, au nom de la civilisation, au nom du monde entier, témoin de nos malheurs, d'oublier nos dissensions, nos préjugés et nos rancunes.

« Prémunissez-les contre les calomnies répandues dans l'intention de faire croire que, découragé par l'excès de nos infortunes, désespérant de l'avenir de mon pays, j'ai renoncé au bonheur de le sauver.

« Il sera sauvé, le jour où il cessera de confondre la licence avec la liberté ; il le sera surtout quand il n'attendra plus son salut de ces gouvernements d'aventure, qui, après quelques années de fausse sécurité, le jettent dans d'effroyables abîmes.

« Au-dessus des agitations de la politique, il y a une France qui souffre, une France qui ne veut pas périr, et qui ne périra pas ; car lorsque Dieu soumet une nation à de pareilles épreuves, c'est qu'il a encore sur elle de grands desseins.

« Sachons reconnaître aussi que l'abandon des principes est la vraie cause de nos désastres.

« Une nation chrétienne ne peut pas impunément déchirer les pages séculaires de son histoire, rompre la chaîne de ses traditions, inscrire en tête de sa constitution la négation des droits de DIEU, bannir toute pensée religieuse de ses codes et de son enseignement public. Dans ces conditions, elle ne fera jamais qu'une halte dans le désordre; elle oscillera perpétuellement entre le césarisme et l'anarchie, ces deux formes également honteuses des décadences païennes, et n'échappera pas au sort des peuples infidèles à leur mission.

« Le pays l'a bien compris, quand il a choisi pour mandataires des hommes éclairés comme vous sur les besoins de leur temps, mais non moins pénétrés des principes nécessaires à toute société qui veut vivre dans l'honneur et dans la liberté.

« C'est pourquoi, mon cher ami, malgré ce qui reste de préjugés, tout le bon sens de la France aspire à la monarchie. Les lueurs de l'incendie lui font apercevoir son chemin; elle sent qu'il lui faut l'ordre, la justice, l'honnêteté; et qu'en dehors de la monarchie traditionnelle, elle ne peut rien espérer de tout cela.

« Combattez avec énergie les erreurs et les préventions qui trouvent un accès trop facile jusque dans les âmes les plus généreuses.

« On dit que je prétends me faire décerner un pouvoir sans limite. Plût à DIEU qu'on n'eût pas accordé si légèrement ce pouvoir à ceux qui, dans les jours d'orage, se sont présentés sous le nom de sauveurs! Nous n'aurions pas la douleur de gémir aujourd'hui sur les maux de la patrie.

« Ce que je demande, vous le savez, c'est de travailler à la régénération du pays; c'est de donner l'essor à toutes ses aspirations légitimes; c'est, à la tête de toute la Maison de France, de présider à ses destinées, en soumettant avec confiance les actes du gouvernement au sérieux contrôle de représentants librement élus.

« On dit que la monarchie traditionnelle est incompatible avec l'égalité de tous devant la loi.

« Répétez bien que je n'ignore pas à ce point les leçons de l'histoire et les conditions de la vie des peuples. Comment tolérerais-je des priviléges pour d'autres, moi qui ne demande que celui de consacrer tous les instants de ma vie à la sécurité et au bonheur de la France, et d'être toujours à la peine avant d'être avec elle à l'honneur?

« On dit que l'indépendance de la Papauté m'est chère, et que je suis résolu à lui obtenir d'efficaces garanties. On dit vrai.

« La liberté de l'Église est la première condition de la paix des esprits et de l'ordre dans le monde. Protéger le Saint-Siége fut toujours l'honneur de notre patrie, et la cause la plus incontestable de sa grandeur parmi les nations. Ce n'est qu'aux époques de ses plus grands malheurs que la France a abandonné ce glorieux patronage.

« Croyez-le bien, je serai appelé non-seulement parce que je suis le droit, mais parce que je suis l'ordre, parce que je suis la réforme, parce que je suis le fondé de pouvoir nécessaire, pour remettre en sa place ce qui n'y est pas, et gouverner avec la justice et les lois, dans le but de réparer les maux du passé et de préparer enfin un avenir.

« On se dira que j'ai la vieille épée de la France dans la main, et dans la poitrine ce cœur de Roi et de père qui n'a point de parti.

« Je ne suis point un parti, et je ne veux pas revenir pour régner par un parti. Je n'ai ni injure à venger, ni ennemis à écarter, ni fortune à refaire, sauf celle de la France, et je puis choisir partout les ouvriers qui voudront loyalement s'associer à ce grand ouvrage.

« Je ne ramène que la Religion, la concorde et la paix. Je ne veux exercer de dictature que celle de la clémence, parce que, dans mes mains seulement, la clémence est encore la justice.

« Voilà, mon cher ami, pourquoi je ne désespère pas de mon pays, et pourquoi je ne recule pas devant l'immensité de la tâche.

« La parole est à la France, et l'heure à DIEU.

« HENRI.

« 9 mai 1871. »

Je plains le cœur français, qui, devant de pareils accents, ne laisserait point échapper notre vieux cri national : « VIVE LE ROI! »

CONCLUSION.

« Et si, malgré tout cela, Henri V ne remontait point sur le trône? Si, pour une raison ou pour une autre, les faits venaient à ne pas répondre à vos principes et à vos espérances? »

— Eh bien! répondrais-je, ces principes n'en seraient pas moins certains en eux-mêmes, et la question de la monarchie chrétienne et légitime n'en resterait pas moins en elle-même une grande, une sainte vérité, digne de tout respect.

Si ce malheur arrivait, de deux choses l'une : ou bien la Providence, dans les secrets impénétrables de sa toute-puissance, réserverait à la France des voies extraordinaires de salut que la sagesse humaine ne peut absolument pas prévoir; — ou bien la pauvre France serait perdue sans retour, et irait s'effondrer totalement dans les abîmes sur le bord desquels nous la voyons penchée.

Espérons mieux, et de la bonté de Dieu, et de la protection de la très-sainte Vierge, à qui la France est consacrée. Espérons mieux du bons sens de notre France, qui, au fond, a de la foi et du cœur, et dont les bonnes œuvres crient miséricorde devant le trône du Seigneur.

Pour ma part, je m'estimerais heureux si la lecture de ces quelques pages pouvait affermir dans la vérité ceux qui ont eu le bonheur de la professer toujours, et ramener quelques-uns de ceux qui ont eu, comme moi-même, le malheur de l'ignorer longtemps.

Que DIEU sauve la France! Que DIEU et sa Mère lui rendent son Roi!

TABLE DES MATIÈRES.

Typographie Firmin Didot. — Mesnil (Eure).

www.ingramcontent.com/pod-product-compliance
Ingram Content Group UK Ltd.
Pitfield, Milton Keynes, MK11 3LW, UK
UKHW021011200726
13857UKWH00004B/1386

9 782012 467392